CRUZADINHA - ANIMAIS COM A LETRA A

COMPLETE A CRUZADINHA COM O NOME DOS ANIMAIS QUE COMEÇAM COM A LETRA **A**.

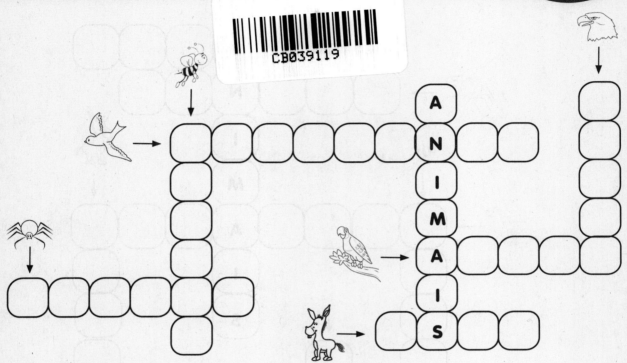

ÁGUIA / ARARA / ARANHA

ANDORINHA / ASNO / ABELHA

COPIE AS PALAVRAS DO QUADRO E SEPARE-AS EM LETRAS.

CRUZADINHA

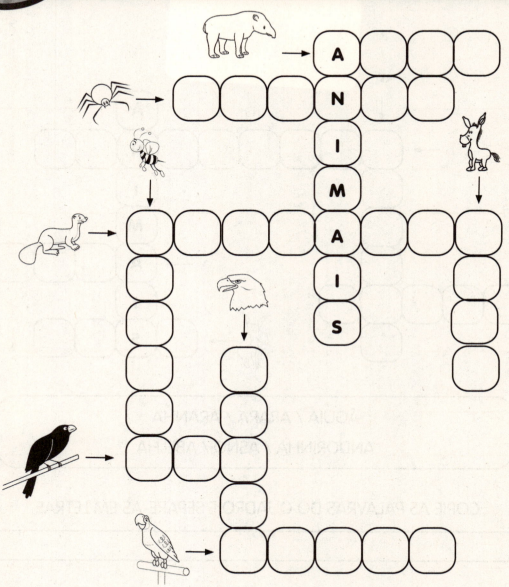

ASNO	ÁGUIA	ARANHA	ANTA
ABELHA	ARARA	ARIRANHA	ANU

COMPLETE AS PALAVRAS COM A VOGAL **A** E DEPOIS COPIE-AS.

___B___C___TE

C___S___

UV___

___LHO

___B___C___XI

EM___

___PITO

___VI___O

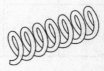
MOL___

CAÇA-PALAVRAS

A	F	H	E	S	C	O	L	A	W
G	B	L	I	N	Q	T	U	R	Y
E	S	T	R	E	L	A	W	X	Z
L	K	C	E	S	P	E	L	H	O
E	M	A	S	C	O	S	A	I	K
F	D	E	P	A	B	Q	G	J	É
A	U	V	I	D	C	U	L	Q	G
N	D	N	G	A	F	I	P	S	U
T	E	Z	A	M	U	L	V	W	A
E	S	P	A	D	A	O	R	T	X

EMA	ESPADA	ESPELHO	ESTRELA	ÉGUA
ESCADA	ESQUILO	ELEFANTE	ESPIGA	ESCOLA

4

CRUZADINHA - ANIMAIS COM A LETRA E

COMPLETE A CRUZADINHA COM O NOME DOS ANIMAIS QUE COMEÇAM COM A LETRA **E**.

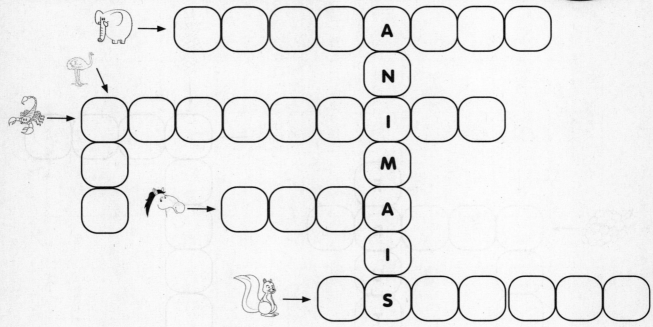

ESCORPIÃO / EMA / ESQUILO / ELEFANTE / ÉGUA

SEPARE AS PALAVRAS EM LETRAS E LIGUE-AS À QUANTIDADE CORRESPONDENTE.

ESCORPIÃO　　　　　　　　　　　　　　　　7

EMA　　　　　　　　　　　　　　　　　　　9

ESQUILO　　　　　　　　　　　　　　　　　3

ELEFANTE　　　　　　　　　　　　　　　　4

ÉGUA　　　　　　　　　　　　　　　　　　8

5

CRUZADINHA

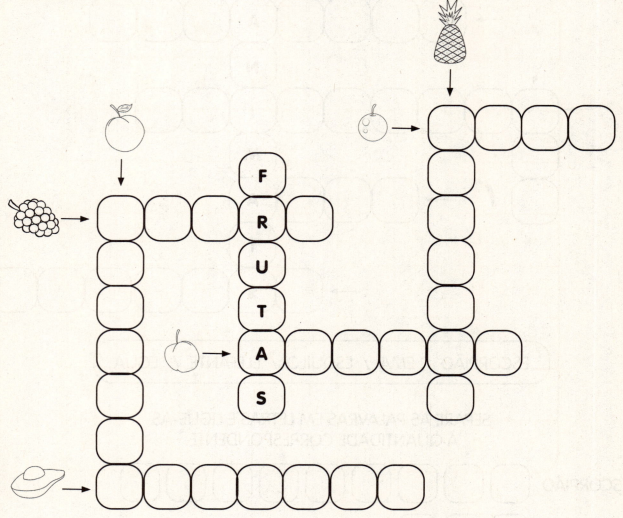

AMEIXA	ABACAXI	AMORA
ABACATE	AÇAÍ	ACEROLA

CAÇA-PALAVRAS

PINTE AS PALAVRAS INICIADAS COM A LETRA I.
DESTAQUE-AS USANDO CORES DIFERENTES
NO DIAGRAMA E NO QUADRO ABAIXO:

A	D	F	H	J	Í	M	Ã	B
I	R	M	Ã	O	W	K	N	C
G	B	I	Ç	Á	X	R	T	E
U	G	L	M	P	I	G	L	U
A	C	H	O	Í	O	I	E	I
N	U	A	Y	N	K	P	S	A
A	V	Z	Q	D	B	Ê	A	T
E	C	G	F	I	L	H	Z	E
I	O	I	Ô	O	K	I	D	A

IATE	ÍNDIO	ILHA	IGUANA	IGLU
IOIÔ	IRMÃO	IÇÁ	IPÊ	ÍMÃ

7

CIRCULE AS VOGAIS NOS RÓTULOS ABAIXO E, DEPOIS, COPIE-AS.

SADIA   MAIZENA   NESTLÉ

_____

DANONE   KIBON

_____

ROYAL   YOKI   NESCAU

_____

SORRISO   PERDIGÃO

_____

COCA-COLA

_____

8

CRUZADINHA

COMPLETE A CRUZADINHA USANDO NOMES DE PESSOAS QUE COMEÇAM COM VOGAL.

3 LETRAS	4 LETRAS	5 LETRAS	6 LETRAS	7 LETRAS
ELI	ALEX	ALINE	AMANDA	EDUARDA
EVA	IGOR	ELISA	OTÁVIO	ULISSES
		ELIAS		

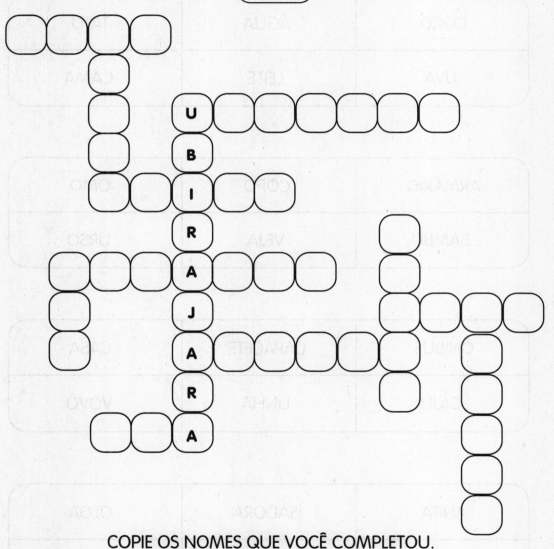

COPIE OS NOMES QUE VOCÊ COMPLETOU.

_____

_____

_____

9

PINTE AS VOGAIS DE ACORDO COM A LEGENDA.

A AMARELO   E VERDE   I VERMELHO   O ROSA   U AZUL

| COCO | ÁGUA | TATU |
| UVA | LEITE | CAMA |

| ARMÁRIO | COPO | OMO |
| BAMBU | VEJA | URSO |

| ÔNIBUS | CAPACETE | CASA |
| CAJU | UNHA | VOVÔ |

| ANITA | ISADORA | OLGA |
| IGOR | ULISSES | AMANDA |

CAÇA-PALAVRAS

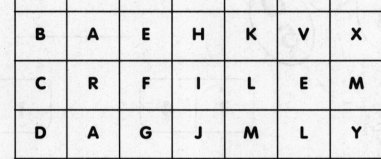

X	Z	M	P	Q	O	N	T	I
B	A	E	H	K	V	X	Z	G
C	R	F	I	L	E	M	A	U
D	A	G	J	M	L	Y	Z	A
U	R	S	O	T	H	B	E	N
R	A	N	N	U	A	N	T	A
U	O	I	Ç	Á	D	C	G	F
B	P	R	A	V	H	L	K	J
U	Q	S	W	É	G	U	A	M

ARARA	EMA	IGUANA	OVELHA	URSO
ANTA	ÉGUA	IÇÁ	ONÇA	URUBU

11

SUBSTITUA OS NÚMEROS PELAS VOGAIS CORRESPONDENTES.

CRUZADINHA

COMPLETE A CRUZADINHA USANDO AS PALAVRAS ABAIXO.

3 LETRAS
BAÚ
UVA

4 LETRAS
URSO
TATU
UNHA

5 LETRAS
URUBU
CACAU

6 LETRAS
JABUTI
CHAPÉU

P
I
C
A
-
P
A
U

ESCREVA NOS BALÕES A FALA DE CADA PERSONAGEM: **AI**, **UI**, **OI**, **EI**.

PINTE DA MESMA COR OS PEIXINHOS QUE TÊM OS ENCONTROS VOCÁLICOS IGUAIS.

NA LISTA DE PALAVRAS, CIRCULE O ENCONTRO VOCÁLICO INDICADO NAS FICHAS.

ÃO	PÃO – CORAÇÃO – BALÃO – MÃO
EI	QUEIJO – BEIJO – DINHEIRO – GANHEI
AU	PAUTA – FLAUTA – BAÚ – PAU
AI	BAILE – CAI – PAPAI – CAIPIRA
EU	CÉU – CHAPÉU – PNEU – MEU
OA	CANOA – LAGOA – PESSOA – GAROA

15

CRUZADINHA

COMPLETE A CRUZADINHA USANDO AS PALAVRAS ABAIXO.

3 LETRAS
OCA
OVO
EMA

4 LETRAS
ILHA
ANEL
ONÇA

5 LETRAS
ÍNDIO

6 LETRAS
OVELHA
ESCADA
ABELHA

7 LETRAS
ABACAXI
ABACATE

16